中国儿童核心素养培养计划

课后半小时
小学生阶段阅读
文化基础 × 自主发展 × 社会参与

学会观察

细微事物里的大灵感

018

课后半小时编辑组 ■ 编著

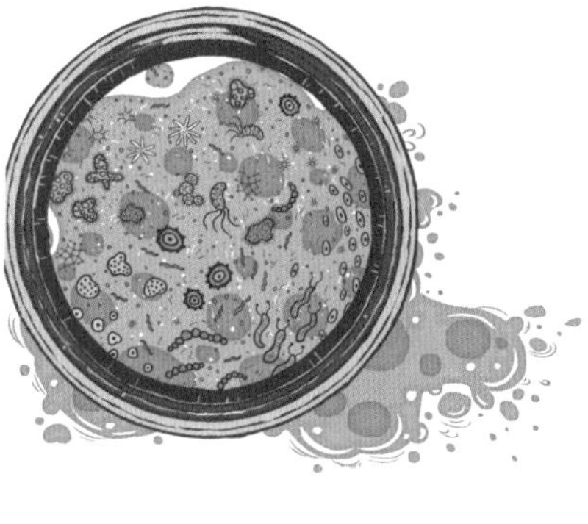

北京理工大学出版社
BEIJING INSTITUTE OF TECHNOLOGY PRESS

核心素养之旅
Journey of Core Literacy

中国学生发展核心素养，指的是学生应具备的、能够适应终身发展和社会发展的必备品格和关键能力。简单来说，它是可以武装你的铠甲、是可以助力你成长的利器。有了它，再多的坎坷你都可以跨过，然后一路登上最高的山巅。怎么样，你准备好开启你的核心素养之旅了吗？

文化基础

科学基础

- 第 1 天 万能数学：数学思维
- 第 2 天 地理世界：观察能力　地理基础
- 第 3 天 物理现象：观察能力　物理基础
- 第 4 天 神奇生物：观察能力　生物基础
- 第 5 天 奇妙化学：理解能力　想象能力　化学基础

科学精神

- 第 6 天 寻找科学：观察能力　探究能力
- 第 7 天 科学思维：逻辑推理
- 第 8 天 科学实践：探究能力　逻辑推理
- 第 9 天 科学成果：探究能力　批判思维
- 第 10 天 科学态度：批判思维

人文底蕴

- 第 11 天 美丽中国：传承能力
- 第 12 天 中国历史：人文情怀　传承能力
- 第 13 天 中国文化：传承能力
- 第 14 天 连接世界：人文情怀　国际视野
- 第 15 天 多彩世界：国际视野

自主发展

学会学习

- 第 16 天 探秘大脑：反思能力
- 第 17 天 高效学习：自主能力　规划能力
- **第 18 天 学会观察：观察能力　反思能力**
- 第 19 天 学会应用：自主能力
- 第 20 天 机器学习：信息意识

健康生活

- 第 21 天 认识自己：抗挫折能力　自信感
- 第 22 天 社会交往：社交能力　情商力

社会参与

责任担当

- 第 23 天 国防科技：民族自信
- 第 24 天 中国力量：民族自信
- 第 25 天 保护地球：责任感　反思能力　国际视野

实践创新

- 第 26 天 生命密码：创新实践
- 第 27 天 生物技术：创新实践
- 第 28 天 世纪能源：创新实践
- 第 29 天 空天梦想：创新实践
- 第 30 天 工程思维：创新实践

总结复习

- 第 31 天 概念之书

中国儿童核心素养培养计划

课后半小时 小学生阶段阅读

文化基础 ✖ 自主发展 ✖ 社会参与

018

卷首

FINDING 发现生活

EXPLORATION 上下求索

COLUMN 青出于蓝

THINKING 行成于思

卷首

向生活学习

如果瓦特没有对顶开盖子的开水壶琢磨下去，也许人类步入蒸汽时代的时间会拖延；如果牛顿没有对偶然掉落的苹果执着思索，也许万有引力的奥秘会继续沉睡；如果列文虎克也像常人一样把玻璃片当作玩具，也许我们将久久不能涉足奇妙的微观世界……

这些科学史上具有里程碑意义的重大成就，最初的发端可能只是生活中再平凡不过的一个细节，这启示我们向生活学习，学习不仅仅局限于书本理论，生活中蕴藏着可能引燃灵感的火花。

而怎样向生活学习呢？首先得长葆一颗好奇之心。居里夫人曾赞美好奇心是学习者的一大美德。正是在好奇心的驱动下，我们才想要了解更多、了解背后的原理。现代心理科学和管理科学的研究也证明了好奇心是人学习的内在动机之一，是人寻求知识的动力，是创造性人才的重要特征，并通过进一步研究总结提出了信息缺口理论。因为信息缺口的存在，对未知的觉醒和想要填补信息缺口的欲望让人产生了好奇心；同时根据信息缺口理论，好奇心反映了人知道的事情与不知道的事情之间的差距。这说明好奇心的产生、发展有两个要素：一是，要有一定的知识储备，这样才能让自己的好奇心转化为有意义的探究，提出有意义的问题而不是天马行空的空想，而对于科学研究来说，

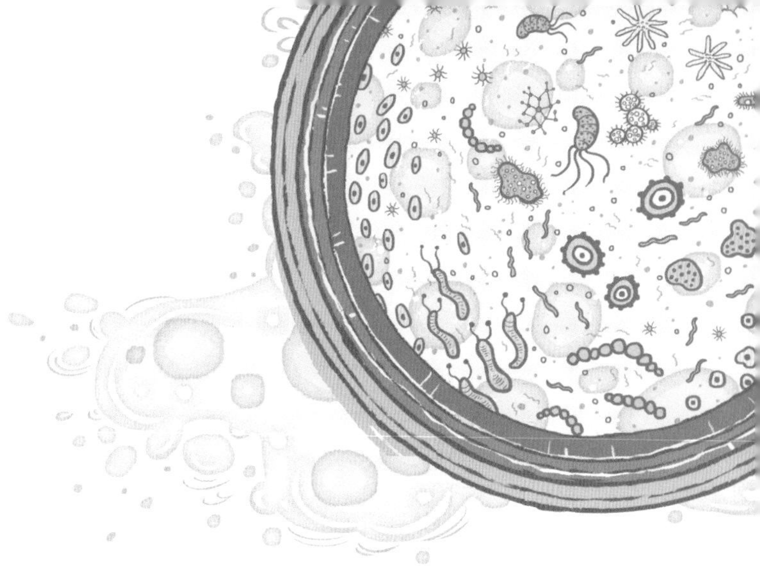

提出一个有意义的问题，和解决问题有着同等重要的价值；二是，要意识到自己的信息缺口，也就是承认自己不知道、知道自己不知道，始终以谦逊的姿态向生活学习，就像饱满的稻穗总是谦逊地垂向大地。

其次还要着力培养敏锐的观察力，科学史上许多从不起眼的意外现象中揭开事物奥秘的经典案例，往往都得益于发现者敏锐的观察力。这是因为观察力能帮助我们从众多的偶然性中发现一般规律，从常人司空见惯的现象中意识到潜在的重大价值。观察的本质是从外界环境中汲取信息，所以我们不断尝试，摸索出最适合自己的注意力分配模式（在前面的分册里，我们知道注意力可是一种宝贵而稀缺的资源），并调动多种感官、多种方法去获取信息。此外，观察力的培养与好奇心的培养有共通之处，都得有一定的知识储备，已有的知识越多，越能有新的收获，恰好构成了一个令人期待的良性循环。

在本册里，我们将一同去探索生活中的“宝藏”，探究那些值得被关注的细微之处，相信这也能带给你启发，发现自己生活中的精彩之处。

张雪娣
北京赵登禹学校物理教师，物理专业审读

绿皮车还是“子弹头”？

撰文：硫克

▶延伸知识

普通旅客列车车身通常为绿色底色和黄色色带的涂装，所以俗称“绿皮车”。“子弹头”列车是指车头造型类似子弹的火车，这种造型一般多用于高速列车。

好不容易盼来了假期，打算全家一起去邻省的风景区旅游。当我们制订出行计划时，火车以其相对舒适的乘坐环境和物美价廉的票价而受到青睐。下面这绿色车皮的传统火车和子弹头的新式火车，你更乐意搭乘哪一种呢？

高铁

普通列车

“子弹头”的奥妙

撰文：硫克

如果你希望节约花费在往返路途上的时间，那么这种长着子弹头的新式火车一定是你的优选，这正是堪称新时代中国工程典范的“高铁”。形如子弹一样光滑流畅的车头是高铁标志性的特征，这当然不只是为了美观，更是为了最大限度地减小空气阻力。子弹头外形是流线型的一种，鱼类的身体普遍都呈流线型，可以减小游动时水的阻力，这也是人类工程师向自然学习的一个例证。

延伸知识

高铁是指时速250千米以上的客运列车，其中的尖子生“复兴号”的时速更是达到了350千米，相当于最顶尖的人类运动员百米冲刺时速度的10倍。当高铁以这样的高速风驰电掣时，原本几乎没有存在感的空气仿佛顿时化为“铜墙铁壁”，成为最大的阻力。

我是高铁，我的一生都在与空气阻力搏斗。空气阻力占到全部阻力的75%，堪比铜墙铁壁。
子弹形的车头能够在一瞬间压缩更少的空气，同时子弹形的车尾也能腾出更少体积，方便周围空气迅速补充，使前后压力迅速平衡。
哇呜！

一瓶水的“价值”

撰文：豆豆菲

好不容易到了风景区，远离城市的喧嚣，流连于大自然的湖光山色之中，真是一番别样的享受。游玩了一阵，感到有些口渴，于是来到风景区的便利店里打算买瓶饮用水。一看价格，比家门口便利店里的同款饮用水贵上一大截，可往来的顾客都习以为常。明明是一样的东西，在这里却高价出售，这真的合理吗?

物以稀为贵

撰文：豆豆菲

之所以会发生这种现象，是因为这里所说的饮用水是一种商品。所有的商品都是有稀缺性的，只不过在稀缺程度上有所不同。正因为商品有稀缺性，才可以专门进行买卖，比如有人愿意花高价去买能带来迷人香味的瓶装香水，而不会去买瓶装空气，正是因为尽管空气很重要，但通常情况下不具有稀缺性。

而商品在不同环境下，会有不同的价格，也就是谚语“物以稀为贵”的意思。想一想，在便利的城市环境和远离城市的风景区内，同样的饮用水，哪个会更有“价值”呢？

这个香气真迷人！我要买！
空气到处都是，何必花钱去买？
新鲜空气

古人的智慧——从野草到庄稼

撰文：陶然

我们今天能享用到丰盛的美食，并不完全是大自然的馈赠，更是一代代人细心观察、悉心培育的心血结晶 。远古时代，人类的食物完全从自然中获得，人类依靠捕鱼、狩猎、采集野果来勉强填饱肚子，这一时期因而又称为渔猎采集时代。可是这样的生活太不稳定了，自然环境的一点波动都有让人类陷入饥荒的危险。

▶延伸知识

介于旧石器时代和新石器时代之间的中石器时代是渔猎采集活动最典型的时代。这一时期，人类简单的渔猎采集活动向高级的、社会性生产活动发展，而真正的农业与牧业还没有出现。

偶然间，古人发现一些可以食用的植物的种子掉进土里会发芽，并结出更多的种子。于是，古人开始收集这样的植物种子，并有意识地不把它们全部吃掉，而是留下一部分，埋入土里，等它们成熟后收获更多的种子。就这样，原始的种植技术产生了。

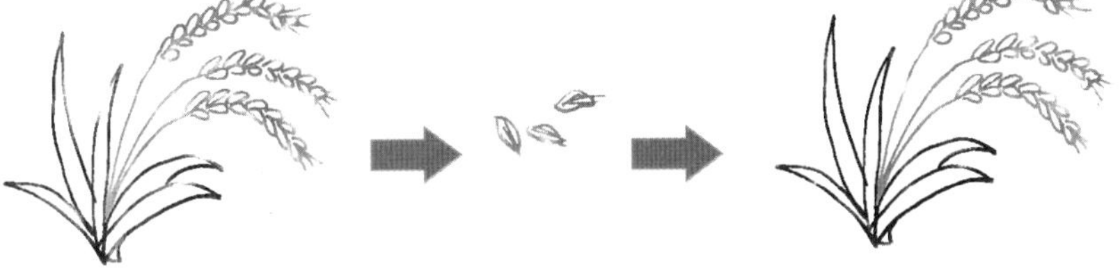

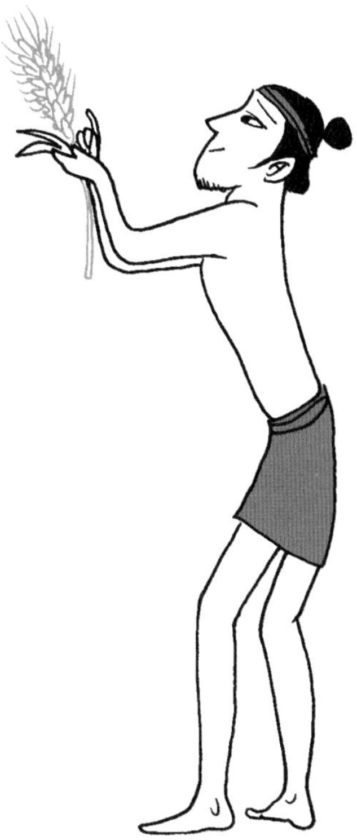

但是，人们并没有因此停止探索。他们在不断种植的过程中，渐渐地将一些可以食用的野生植物，驯化成更符合人们需求的栽培植物。粟和稻就是这样来的。从此，人类有了稳定的食物来源，人类文明也步入农耕时代。

主编有话说　驯化

驯化是指把野生动植物培养成家养动物或栽培植物的过程。驯化与基因有关。基因有控制作用，比如饱满的植物种子种出来的植物一般也会比较饱满；基因有时候也会突变，当然，仅仅靠基因突变还不够，还需要人为的选择和培育。比如五谷之一的粟，它的野生祖先是狗尾草，狗尾草本是野草，但有些狗尾草发生了“穗大、不落粒”等对人有利的基因突变，于是人们不断采集这些基因突变的狗尾草的种子培育，将这些优良性状稳定地传递下去，野草终于成为庄稼。

小事物带来的大灵感——奇妙的微观世界

撰文：十九郎

安东尼·列文虎克

生卒年 1632—1723

国　籍 荷兰

主要成就 发现微生物和精子。

具备旺盛好奇心和求知欲的探索者，为人类的科学史贡献了诸多重大发现，杰出的显微镜专家和微生物学的开拓者列文虎克就是其中的代表。列文虎克利用工作闲暇研磨透镜，并尝试开发出它们更大的利用价值。凭借着自己的勤奋和独特的才干，列文虎克制造出了能将物体放大近 300 倍的显微镜，这是当时放大倍率最大的显微镜。

拥有了得心应手的工具之后，列文虎克就开启了自己的观察之旅。日常生活成为他的观察素材，比如他经常拿起显微镜对着空气和水进行观察，猜猜列文虎克观察到了什么？

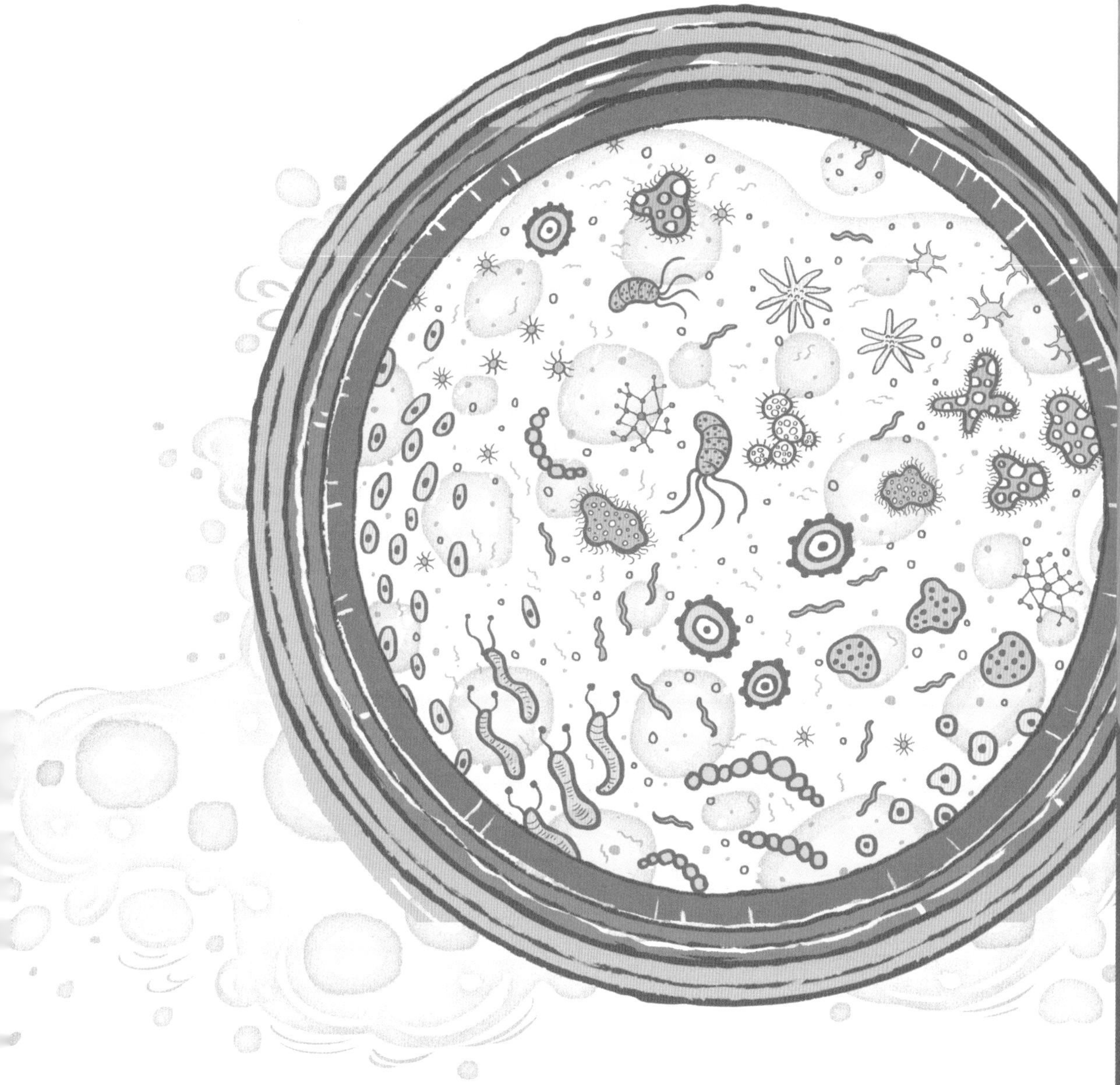

列文虎克在水滴中观察到了一个前所未见的微观世界。

没错，列文虎克观察到的就是微生物，列文虎克曾这样形容：“它们小得不可思议，如此之小……即使把一百个这些小动物撑开摆在一起，也不会超过一颗沙子的长度……”

主编有话说

微生物

微生物是指包括细菌、病毒、真菌、原虫等在内的一大类生物群体，通常它们个体极其微小，需要借助显微镜才能观察到。

这下子，列文虎克就像是发现了梦幻世界的入口，彻底被这些小生命迷住了。他不断拓展观察的领域，甚至提取自己的身体组织作为观察样本，成为最早观察并记录肌纤维、细菌、精子、微血管中血流的科学家。但当时的人们尚未意识到其中的科学价值，只是当作一件新鲜事，直到微生物学逐渐发展起来，人们才恍然大悟，原来列文虎克的发现如此重要。

主编有话说

微生物学

微生物学是近代生物学的分支学科之一。它是在分子、细胞或群体水平上研究各类微生物的形态结构、生长繁殖、生态分布和分类进化等生命活动的规律和特性，并将其应用于工业发酵、医学卫生和生物工程等领域的科学。

列文虎克得以发现微观世界的关键工具就是显微镜。显微镜是由一个透镜或几个透镜组合在一起制成的光学仪器，可以将微小的物体放大成百上千倍，方便人们观测肉眼看不到的微观世界。早期的光学显微镜可以把观察对象放大数百倍，今天的科学家已经研发出了放大倍率高达数百万倍的电子显微镜。

主编有话说

然而，列文虎克并不是显微镜的发明者。最早的显微镜出现在16世纪末期，由荷兰眼镜商人制造，可惜的是人们没有用它做过重要观察。列文虎克不仅自制放大倍率更大的显微镜，还首次观测到了各种各样的微生物。此外，科学家伽利略也用显微镜观察了昆虫的复眼。这说明司空见惯的事物中也可能蕴藏着潜在的巨大价值，就看我们有没有一双慧眼去发现它。

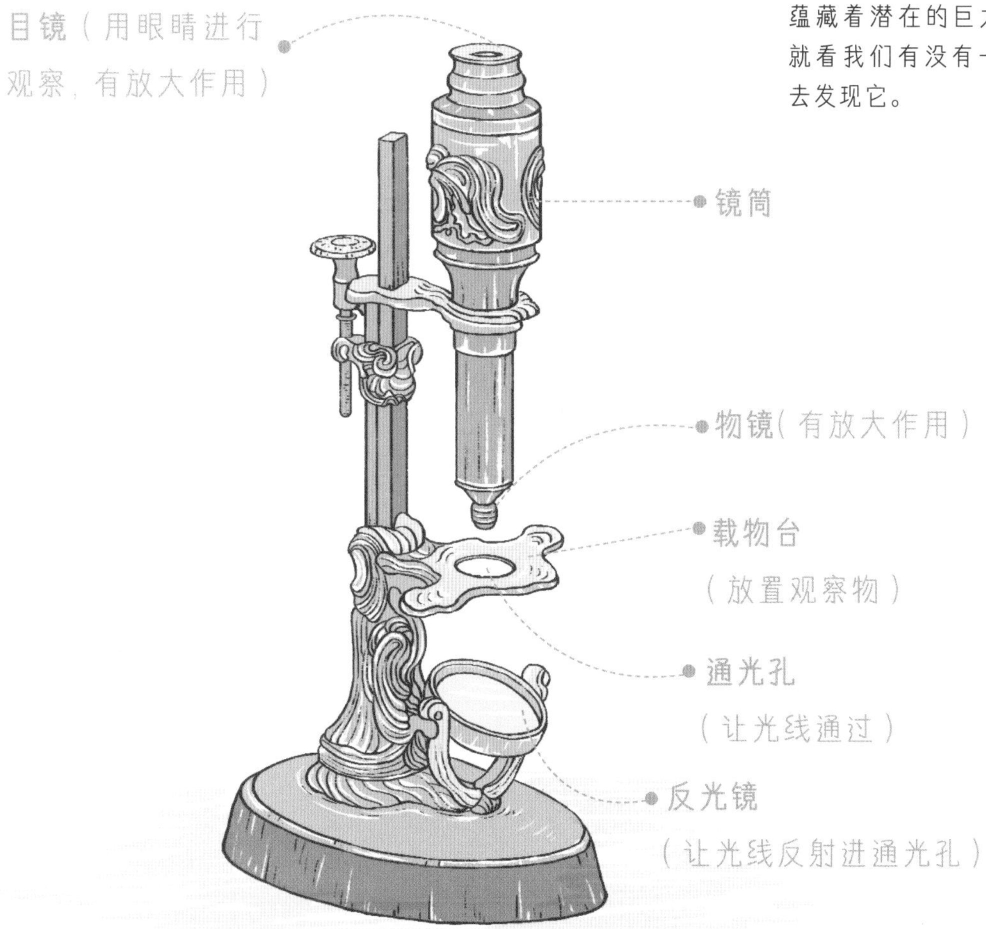

目镜（用眼睛进行观察，有放大作用）
镜筒
物镜（有放大作用）
载物台（放置观察物）
通光孔（让光线通过）
反光镜（让光线反射进通光孔）

早期显微镜的结构

小事物带来的大灵感
——防毒面具

撰文：一喵师太

科学技术是一柄双刃剑，可以造福人们的生活，也能成为夺走生命的武器。1914 年爆发的第一次世界大战中，由于交战双方都有很强的工业实力与军事力量，因此战场上的对抗常常显得势均力敌，双方付出惨重的伤亡代价也难以打破僵局。为了夺得战场上的主动权，交战双方不断运用第二次工业革命以来取得的科技成果，研发新型装备，其中就包括一些非常不人道的武器，比如毒气。

德国军队首先将毒气用于实战，由于猝不及防，协约国军队遭受了重大损失，被毒气攻击的士兵经历了极为痛苦的折磨。

为了对抗毒气攻击，军工专家试图研发一款让士兵在毒气中也能正常呼吸的装备。这时，前线的一个案例引起了他们的注意：一次毒气攻击中，驻守的士兵损失惨重，但在同一区域的猪却幸存下来。经过深入的调查研究，军工专家发现，当遇到毒气袭击时，猪会本能地用嘴拱地，松软的土壤颗粒可以过滤、吸附一部分毒气，猪也因此逃过一劫。

它们……怎么不怕这些毒气?
猪拥有天然的防毒面具。

在猪的启发下，第一代防毒面具诞生了。它能够保护佩戴者的关键在于滤毒罐。滤毒罐里有多层滤芯，由纤维网、活性炭等物质层层叠加在一起，可以将吸入的有害物质一层层吸附掉，最终留下可以呼吸的空气。带有滤毒罐的早期防毒面具的外形，是不是的确很像小猪呢？

防毒面具可以隔绝毒气，保护士兵，保护范围包括眼睛、鼻子和嘴巴。

呼——你别说，传统的防化面具确实挺像小猪的。

▶延伸知识

活性炭是一种优良的吸附剂。它是利用煤炭、木材等作为原料，通过物理和化学方法进行破碎、过筛、催化剂活化、漂洗、烘干和筛选等一系列工序加工制造而成的。活性炭具有物理吸附和化学吸附的双重特性，可以有选择地吸附气体、液体中的各多种物质，以达到脱色、消毒、除臭、去污和提纯等目的。

随着科技的发展和军事竞争的加剧，继早期的过滤式防毒面具之后，军事工程师又开发出隔绝式防毒面具。隔绝式防毒面具整体密闭防毒，面具和氧气贮存或发生装置相连，主要在高浓度染毒空气中以及缺氧的高空、水下或密闭舱室等特殊场合下使用，能有效地防御战场上可能出现的毒剂、生物战剂和放射性灰尘。

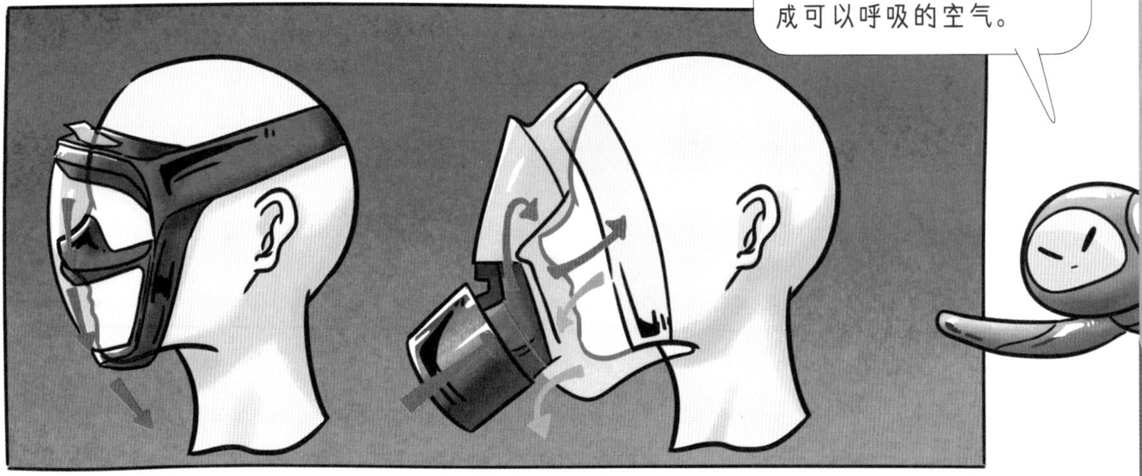
过滤式面具的关键在于滤毒罐，这里有很多层滤芯，由纤维网、活性炭等物质层叠在一起，可以将吸入的有害物质一层层吸附掉，最终变成可以呼吸的空气。

但毒气等生化武器归根到底是一种极为不人道的武器，为此，1993 年国际社会签订了《关于禁止发展、生产、储存和使用化学武器及销毁此种武器的公约》，禁止发展、生产、储存和使用化学武器。我国一贯主张禁止使用大规模杀伤性武器，严格恪守这一公约，为维护世界和平作出了重大贡献。

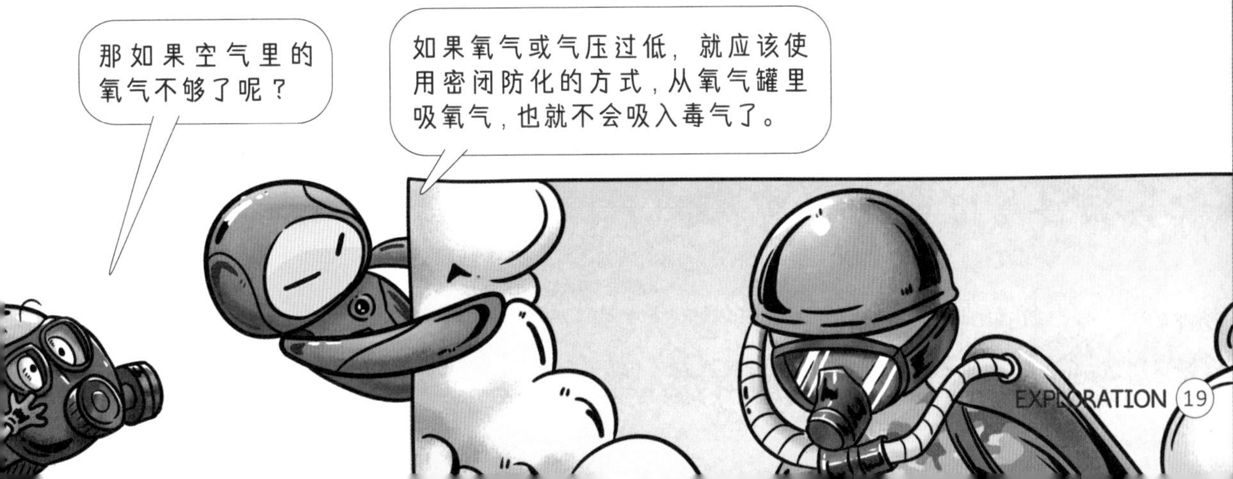
那如果空气里的氧气不够了呢？
如果氧气或气压过低，就应该使用密闭防化的方式，从氧气罐里吸氧气，也就不会吸入毒气了。

小事物带来的大灵感
——声呐

撰文：一喵师太

科技史上的重要发明发现当然不会是凭空构想出来的，往往源自一个富有创意的灵感，而灵感的激发离不开细致敏锐的观察，观察现象，钻研本质，小事物也能带来大灵感。

延伸知识

随着科技的进步，潜艇的下潜深度也不断被突破。第一次世界大战期间，潜艇的下潜深度约60到70米，第二次世界大战期间增至200米左右，今天潜艇的下潜深度甚至超过700米，这一深度的海域中已没有任何可见光。

潜艇的作战方式主要是追踪、伏击，这就要求潜艇能够很好地隐蔽自己，因此潜艇常常潜入深海来隐匿踪迹。但水深到达百米后，几乎就没有可见光了。在暗无天日又暗流汹涌的深海世界，潜艇要怎样才能安全航行呢？这时候，潜艇就借鉴了一种动物的导航与定位方式——靠“耳朵”来代替“眼睛”。

那就是蝙蝠。你发现了吗？潜艇活动的深海空间和蝙蝠生活的洞穴环境有一定的相似之处——光线极差，几乎无法用目测的方式来观测，同时环境复杂，需要有准确的导航和定位手段。

蝙蝠在能见度极差的环境里飞行不靠眼睛，而是靠耳朵和发声器官。它会发出一种声频很高的尖叫声，这是一种超声波信号，人类无法听到。超声波信号若在飞行路线上碰到其他物体，就会立刻反射回来，蝙蝠在极短的时间内就可以判断出目标的位置和距离，并绕开障碍物，这种现象称为回声定位。蝙蝠的这一本领启发了工程师，制造出可供潜艇在水下使用的声呐。

▶延伸知识

声呐是英文缩写“SONAR”的中文音译，全称为声音导航与测距。声呐技术是1906年由英国海军军官刘易斯·尼克森发明的，最初用来侦测冰山。第一次世界大战期间应用到战场上，用来侦测潜藏在水底的潜艇。

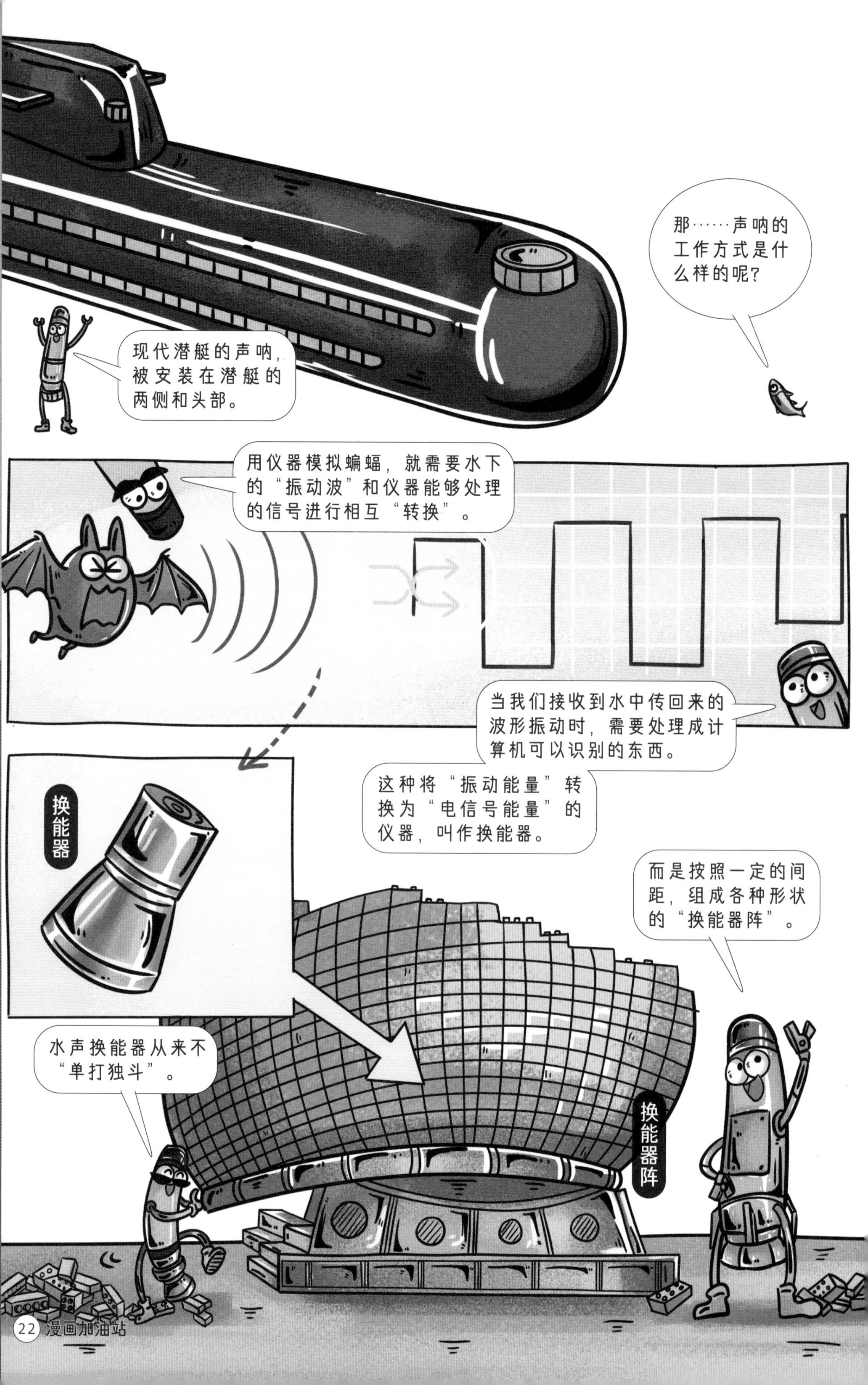
现代潜艇的声呐，被安装在潜艇的两侧和头部。
那……声呐的工作方式是什么样的呢?
用仪器模拟蝙蝠，就需要水下的“振动波”和仪器能够处理的信号进行相互“转换”。
当我们接收到水中传回来的波形振动时，需要处理成计算机可以识别的东西。
这种将“振动能量”转换为“电信号能量”的仪器，叫作换能器。
换能器
而是按照一定的间距，组成各种形状的“换能器阵”。
水声换能器从来不“单打独斗”。
换能器阵

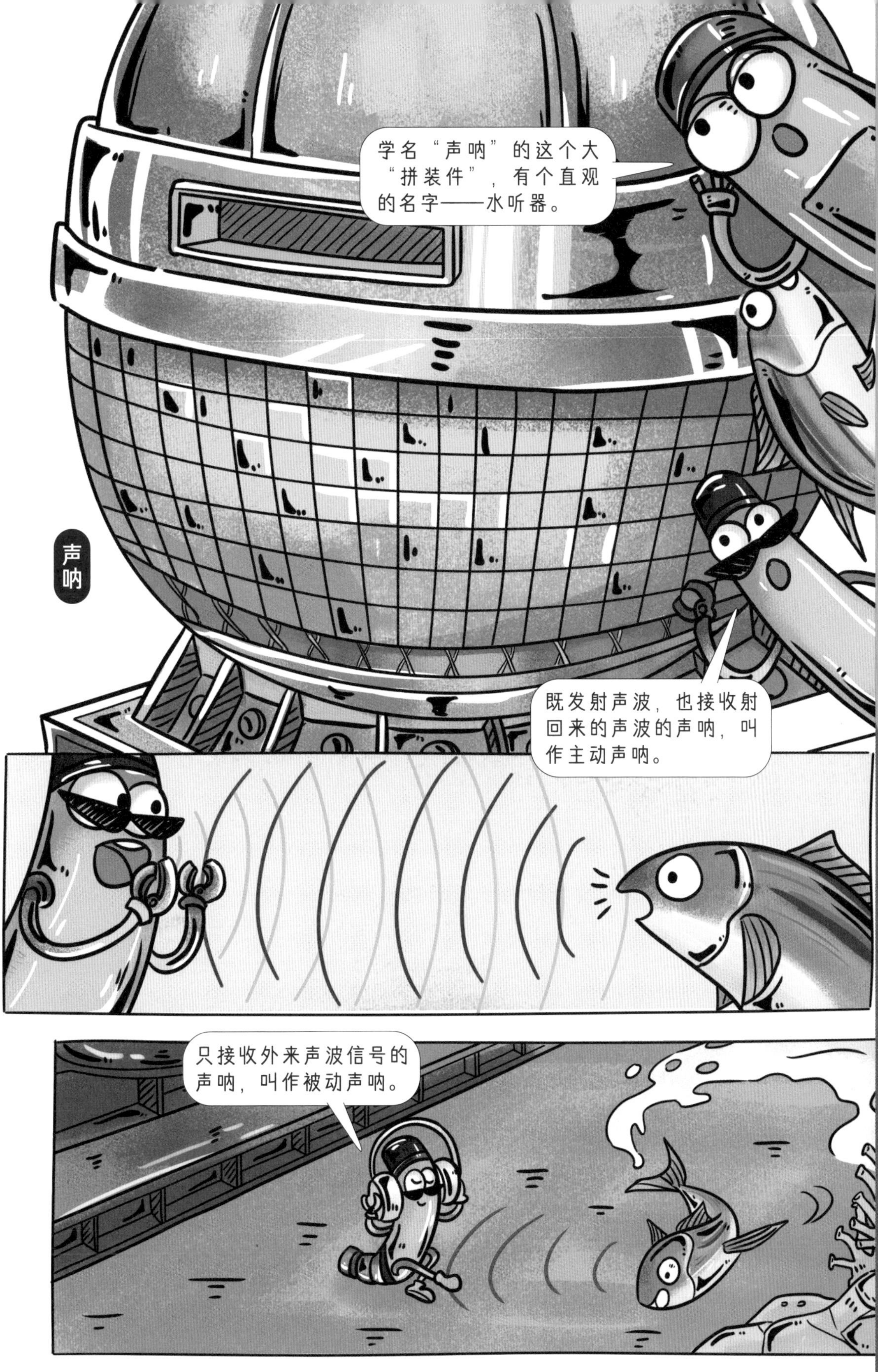
学名“声呐”的这个大“拼装件”，有个直观的名字——水听器。
声呐
既发射声波，也接收射回来的声波的声呐，叫作主动声呐。
只接收外来声波信号的声呐，叫作被动声呐。

小事物带来的大灵感
——地图与大陆漂移学说

魏格纳：我可不是单凭地图就敢说大陆在漂移！

撰文：张婉月

1910年，德国科学家魏格纳观察世界地图时发现，非洲与南美洲的边缘似乎能够吻合，由此他产生一个大胆的猜测：这两块大陆是否曾经连在一起？

不过，作为一名科学家，不能只是空想，他很快开始调查研究。他发现北美洲纽芬兰一带的山系和欧洲北部的斯堪的纳维亚半岛上的山系有所呼应，这证明这两块大陆曾经是连在一起的，他还发现非洲西部的古老岩石分布与南美洲东部的古老岩石分布相互衔接，这证明这两片大陆也曾连在一起。除此之外，还有大西洋两岸的相同山脉、印度洋两岸相同的地层构造等，并且这些联系全都出现在古老的地层中。这些都印证了魏格纳的观点，大陆在远古时代曾彼此相连。

▶延伸知识

除了单纯的地理方面的证据，魏格纳还发现了一些古生物方面的证据。有一种远古淡水爬行动物化石，在其他大陆上都没有踪迹，却唯独出现在南美洲东部和非洲南部这两个隔大洋相望的地方。淡水动物无法穿过大洋到达其他大陆，也印证了大陆曾连在一起的假设。

魏格纳的设想与研究被称为“大陆漂移学说”。这一假说激发了更多学者的热情，学者们进一步提出更多疑问，比如大陆在什么之上漂移、大陆漂移的动力是什么。于是，魏格纳继续探究，决心找出具有决定性意义的新证据。他发现可以从古冰川的分布和流动方向入手研究，因此不惜冒险来到荒凉的格陵兰地区进行实地考察。

在魏格纳和一代代地质学者们的研究下，我们今天越来越能知晓世界曾经的模样。这个巨大的秘密能渐渐被揭示，源于一幅地图激发的灵感。

拍脑袋迷思——多印钱人人就能富有了吗？

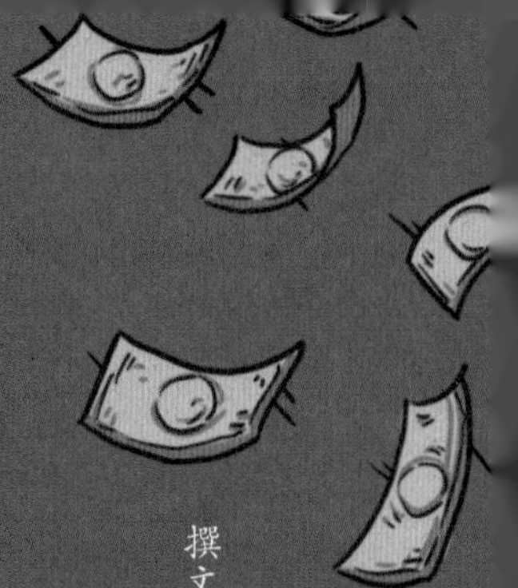

撰文：陶然

对于科学研究而言，提出一个有意义的问题，其价值不逊于解决一个问题。生活当中，有哪些现象会引起你的不解和好奇呢？也许一个简单的迷思，也能蕴含着深刻的哲理。

▶延伸知识

钱是我们非常熟悉的事物，它有很多别称。比如古人称钱为“泉”；中国古代的铜钱中间多有个方形的孔，所以钱又被称为“孔方”；汉朝人邓通曾获命铸造钱币，所铸的钱广为流传，以至于人们用他的名字“邓通”来代指钱。这些都是关于钱的有趣称呼，不过，钱在经济学里有个正式的名字——“货币”。

一个专属的存钱罐——这可是许多人的童年宝贝，小心翼翼地把零花钱、压岁钱存起来，期待着去买自己心爱的东西。有时存够了钱，顺利买到了，便成了童年难忘又美好的回忆；有时钱不够，只能失望而归，这时候也许你会幻想：为什么不能多印一些钱呢？这样人人都能变得富有、买到自己想要的东西了呀。要回答这个问题，首先我们要重新认识一下“钱”。

刚刚获得了全球“人见人爱之星”的特别大奖！能获得这个奖，受到全世界人民的喜爱，我感到非常荣幸！

在很久远的古代，人们通过以物易物的方式来进行交易，而要换到自己想要的东西往往要经过好几轮交换，非常麻烦。因此，人们开始用一种大家都乐意接受的东西作为交换的媒介，货币也就由此诞生了。现代的纸币是由国家来统一发行的，纸币本身没有价值，但可以代表各种东西的价值，这是国家通过法律确定的，因此叫作“法定货币”。我国的法定货币是人民币。

▶延伸知识

原始的货币有很多形态，可以是贝壳、粮食、盐。接着出现了金属货币，比如我们熟悉的铜钱。再后来，更为便捷的纸币出现了。宋朝时出现的“交子”是中国最早的纸币，也是世界上最早的纸币。

或者
啊，简直要晕了！看来物物交换并不能总是那么凑巧啊，这时要得到自己想要的东西可真麻烦！

中央银行

很多时候，多印一点儿钱是有好处的。相比钱的价值，人们对钱的数量会更敏感。当手里的钱变多了，即使实际上货币贬值了，人们还是觉得自己变得更富有了。
哈哈哈，我变富了！

于是人们会买更多的东西。

厂家会生产更多的东西。
一切看起来都很好！

当货币发行量过多时，情况就完全不同了。1921—1924年，德国因为战争赔款变得很穷，于是政府开始大量印刷纸币，造成了严重的通货膨胀。
人们用钱买不到东西，孩子们用钱堆积木，妇女们用钱来点火做饭！
妈妈还要用它烧火做饭，咱们给她留点儿。
世界历史
用纸币糊墙吧！
用钱来糊墙都比用纸更划算！
进入21世纪后，因为津巴布韦政府的一些错误政策，当地出现了历史上最严重的恶性通货膨胀！
这个多少钱？
1000000000。

拍脑袋迷思——学校一放假游乐园就涨价？

撰文：陶然

主编有话说

价格弹性

价格弹性指价格变动引起的市场需求量的变化程度。有些商品的销量受价格的影响很大，就是富有弹性；有些商品的销量随价格变化的程度很小，就是缺乏弹性。

孩子们对拥有过山车、摩天轮等酷炫设施的游乐园心驰神往，心心念念盼到了假期，当他们兴致勃勃地来到游乐园时，却发现门票价格比平常贵了，不由得感慨一句：真是学校一放假，游乐园就涨价。不过，这二者之间，真的有关联吗？而且，即使门票价格涨了一大截，游乐园里依然人山人海，这又该怎么解释呢？

游乐园门票是商品，除此之外，还有许许多多的商品的价格也会波动。如果我们留心观察，会发现，有的商品一涨价，购买它的人就少了很多，有的商品就算涨了价，购买它的人依然很多，比如假期时的游乐园门票。这说明商品的需求量会受价格影响，但受影响的程度各不一样，甚至有着巨大的差异。经济学家用“价格弹性”来描述这种现象。

商品的价格弹性受多种因素的影响：商品对于消费者的重要性，比如生活必需品的价格弹性小，奢侈品的价格弹性大；有没有可替代的商品，可替代的商品越多、性质越接近，那么价格弹性就越大，反之则越小；购买它的支出占人们收入的比重，比重大则价格弹性就大，比重小则价格弹性就小。

延伸知识

回到我们开头的案例，热门游乐园是许多孩子假期里必去的地方，即使门票涨价，对购票需求的影响也很小。相比之下，一些不那么受欢迎的景区对于大部分人来说“去不去都行”，因此这些景区的票价会很低。这也启示我们，假期出游前可以对目的地的景区提前做一些了解，把它们划分出不同的等级。

这里被称作“全球最美的海滩”之一，来旅游的人都会想来看一看。
难怪涨价了还有这么多人呢！

拍脑袋迷思——为什么许多商品的价格都以“9”结尾?

撰文：豆豆菲

我就知道自己
又捡便宜了!

无论我们逛实体商场，还是进行时髦的网上购物，不难发现，许多商品的价格标签上都标注着 ¥9.9、¥19.9、¥199……为什么它们不约而同都以“9”作为价格的结尾呢?

这实际上是一种定价策略，利用了人的阅读习惯。人们是从左到右看价格的，第一个数字决定了对价格的第一印象。比如价格标为“¥199”，给人的感觉是一百多块钱，而标为“¥200”，就让人感觉商品价格上了一个台阶。实际上 199 元只比 200 元少了 1 元钱。所以，这种定价策略可以让消费者产生“这个价格挺实惠”的心理暗示。

这款衣服不到
200元，不贵!
199元
love
199元
love

除了尾数为“9”的定价策略，企业还有许多类型的活动，以刺激消费者购买商品，统称为营销策略。比如商场会特意给部分商品定超低的价格来吸引消费者，并让消费者产生“这个商场里的商品都很便宜”的错觉，这就是“晕轮效应”。

比如商场经常会举办“购物满 200 减 20”等类似的满减活动，刺激一部分消费者为了享受到优惠而购买了更多的商品；再比如商家还会举办预付定金享受优惠的活动，而已经支付的定价就成了一旦付出便无法收回的“沉没成本”，即使后来不想要了，但“沉没成本”已经付出，一部分消费者还是交了尾款。

主编有话说

尽管经济学家提出“理性人”的概念，也就是假设人们在经济活动中总是保持理智的；但实际上，人们消费时有很多不理性的行为。在层出不穷的营销策略面前，我们要做到理性消费。

营销策略
定价设计
9.9元抽纸
优惠套餐
预付定金
制造爆款
品牌包装

COLUMN

青出于蓝

我们知道，要向生活学习，离不开敏锐的观察力。
科学史上取得卓越成就的学者，往往也是善于观察的人。
通过总结他们的成功经验，
我们可以总结出一些有助于锻炼观察力的方法。
那么，我们应该怎样锻炼自己的观察力呢？

张雪娣

北京赵登禹学校
物理教师

锻炼自己观察力的方法

答 **明确观察目标：**观察前要定好明确的目的和指向，要明确观察什么，怎样观察，达到什么目的，而不是走马观花随意浏览。目的性是观察力的最显著特点，有目的才会对自己的观察提出方向，这样才能把宝贵的注意力集中到事物的主要方面、本质特征。

制订观察计划：明确目标后要对观察的内容做出安排，制订一定的计划。这些观察计划既可以写成书面的，也可以储存在头脑里。

培养自己的观察兴趣：兴趣是培养观察能力的重要前提条件。培养个人广泛的兴趣，这样才能促使自己津津有味地进行多样观察，而不是枯燥地勉强坚持。

观察后要继续思考：观察力是思维的触角，要培养观察力，就要善于把观察的任务具体化，并主动思考，学会从现象乃至隐蔽的细节中探索事物的本质，这样才不会让观察停于表面。

除了这些大的方法理念，还有一些更具体的技巧我们可以尝试

答 **实地观察：** 观察不是纸上谈兵，我们可以去大自然中观察自然存在的事物、现象。比如在田野或植物园里观察植物的生长情况；在森林和动物园里观察动物的习性等。实地观察应注意选好观察点和观察对象，有条件的话可进行多次观察，以总结规律。

多角度观察，只从一个角度、方面去看事物，无异于盲人摸象。应多尝试从另一个角度、另一个方面去看同一问题，有助于打破思维定式，使我们发现更多的问题，也就产生了更强的观察兴趣和能力。

多感官观察，观察不仅仅用眼睛看，还能运用嗅觉、听觉、触觉等感官，这能帮助我们捕捉到更多细节。

及时记录及时思考： 观察时及时记录观察情况，有利于整理和保存观察结果。

THINKING 头脑风暴

选一选

01 高铁的车头设计成“子弹头”的造型是为了（　）。

A. 更美观

B. 容纳更大的动力设备

C. 减小空气阻力

02 列文虎克是（　）的开拓者。

A. 微生物学

B. 古生物学

C. 分子生物学

03 蝙蝠利用（　）来导航、定位，启发工程师制造出了潜艇使用的声呐。

A. 次声波

B. 超声波

C. 可听声

04 把野生动植物培养成家养动物或栽培植物的过程称为（　）。

A. 进化

B. 退化

C. 驯化

05 通常情况下空气不能成为商品，是因为空气不具备（　）。

A. 实用性

B. 稀缺性

C. 收藏性

06 国家通过法律确定的货币叫作 ______ 。

07 货币的发行量并不是越多越好，如果发行了过多的货币，很有可能会引发 ______ 。

08 过滤式防毒面具能保护佩戴者的关键是滤毒罐里的 ______ 。

09 科学家 ______ 认为今天的大陆板块曾连接在一起，并提出了“大陆漂移假说”。

10 商品的需求量会受价格影响，但受影响的程度各不一样，甚至有着巨大的差异，是因为不同商品有着不同的 ______ 。

名词索引

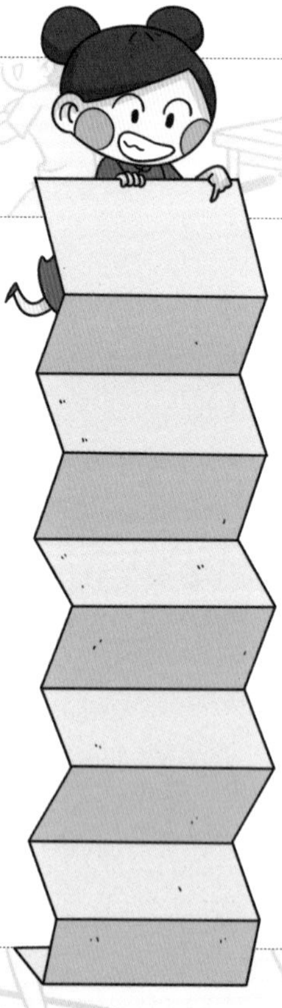

头脑风暴答案

1.C

2.A

3.B

4.C

5.B

6. 法定货币

7. 通货膨胀

8. 活性炭

9. 魏格纳

10. 价格弹性

致谢

《课后半小时　中国儿童核心素养培养计划》是一套由北京理工大学出版社童书中心课后半小时编辑组编著，全面对标中国学生发展核心素养要求的系列科普丛书，这套丛书的出版离不开内容创作者的支持，感谢米莱知识宇宙的授权。

本册《学会观察　细微事物里的大灵感》内容汇编自以下出版作品：

[1]《超级工程驾到：高铁》，北京理工大学出版社，2022 年出版。

[2]《经济学驾到：商品的奇幻旅程》，电子工业出版社，2022 年出版。

[3]《经济学驾到：生活处处有经济》，电子工业出版社，2022 年出版。

[4]《经济学驾：消费中的那些事》，电子工业出版社，2022 年出版。

[5]《经济学驾到：货币的七十二变》，电子工业出版社，2022 年出版。

[6]《奇思妙想一万年》，电子工业出版社，2020 年出版。

[7]《进阶的巨人》，电子工业出版社，2019 年出版。

[8]《新武器驾到：暗夜无声》，电子工业出版社，2022 年出版。

图书在版编目(CIP)数据

课后半小时:中国儿童核心素养培养计划:共31册/课后半小时编辑组编著. -- 北京:北京理工大学出版社, 2023.5

ISBN 978-7-5763-1906-4

Ⅰ. ①课… Ⅱ. ①课… Ⅲ. ①科学知识–儿童读物 Ⅳ. ①Z228.1

中国版本图书馆CIP数据核字(2022)第233813号

出版发行 / 北京理工大学出版社有限责任公司
社　　址 / 北京市海淀区中关村南大街5号
邮　　编 / 100081
电　　话 / (010)82563891(童书出版中心)
网　　址 / http: //www. bitpress. com. cn
经　　销 / 全国各地新华书店
印　　刷 / 雅迪云印(天津)科技有限公司
开　　本 / 787毫米×1092毫米 1 / 16
印　　张 / 83.5
字　　数 / 2480千字
版　　次 / 2023年5月第1版 2023年5月第1次印刷
审 图 号 / GS(2020)4919号
定　　价 / 898.00元(全31册)

责任编辑 / 徐艳君
文案编辑 / 徐艳君
责任校对 / 刘亚男
责任印制 / 王美丽